Hebeisheng Gaosu Gonglu Shigong Biaozhunhua Guanli Zhinan

河北省高速公路施工标准化管理指南

第3部分 施工标准化

第7册 交通安全设施

河北省交通运输厅 编

内 容 提 要

本册为"河北省高速公路施工标准化管理指南"之一——交通安全设施分册。本书对交通安全设施的施工要点进行了统一、规范,并进行了详细说明,将精细化管理、标准化施工的理念贯穿于交通安全设施施工管理全过程。对规范高速公路交通安全设施施工,提高管理水平,确保交通安全设施工程各道工序施工到位,保证工程质量和施工安全有很好的指导作用。

本书适用于河北省所有新建、在建高速公路项目(含连接线)的交通安全设施的施工管理。也可供相关工程管理与技术人员参考使用。

图书在版编目(CIP)数据

河北省高速公路施工标准化管理指南. 第3部分,施工标准化. 第7册,交通安全设施 / 河北省交通运输厅编. —北京:人民交通出版社,2012.5
ISBN 978-7-114-09757-7

Ⅰ.①河… Ⅱ.①河… Ⅲ.①高速公路—道路工程—工程施工—标准化管理—河北省—指南②高速公路—交通运输安全—安全设备—设备安装—标准化管理—河北省—指南 Ⅳ.①U415.1-62

中国版本图书馆 CIP 数据核字(2012)第 077068 号

河北省高速公路施工标准化管理指南

书　　名:第3部分　施工标准化　第7册　交通安全设施
著 作 者:河北省交通运输厅
责任编辑:刘永芬
出版发行:人民交通出版社
地　　址:(100011)北京市朝阳区安定门外外馆斜街3号
网　　址:http://www.ccpress.com.cn
销售电话:(010)59757969,59757973
总 经 销:人民交通出版社发行部
经　　销:各地新华书店
印　　刷:北京市密东印刷有限公司
开　　本:880×1230　1/16
印　　张:3.5
字　　数:66千
版　　次:2012年5月　第1版
印　　次:2012年5月　第1次印刷
书　　号:ISBN 978-7-114-09757-7
印　　数:0001—5500册
定　　价:35.00元

(有印刷、装订质量问题的图书由本社负责调换)

《河北省高速公路施工标准化管理指南》
编委会

主　　任：高金浩
副 主 任：潘晓东　康彦民
委　　员：戴为民　宋国胜　齐树平　赵同安　秘慧琴
　　　　　刘中林　侯智敏　王兴福　刘进明　王江帅
　　　　　王国清　冯西禄　张素芬　暴连胜　张维超
　　　　　郑利卫　高民欢　陈　勇　王兰英　尚秀仁
　　　　　刘司坤　焦永顺

《河北省高速公路施工标准化管理指南》
审定委员会

主任委员：潘晓东
委　　员：王续山　杜群乐　郑卫华　党奇志　秦禄生
　　　　　韩拥军　于凤江　马凤槐　齐广超　邱文利
　　　　　阎世龙　齐英双　杨丽萍　孙敬涟　王殿生
　　　　　赵文忠　张文裕　侯岩峰　于瑞英　王玉清
　　　　　孙红生　廖济柳　彭彦忠　张俊杰　徐建声
　　　　　张新永　杨广庆　吕　鹏　张保俭　李来宾
　　　　　郑义坤　王海林　李朝军　薛立建　刘志广
　　　　　赵英涛　郭国忠　马朝祥　冀晓辉　张艳梅

《河北省高速公路施工标准化管理指南
第3部分　施工标准化
第7册　交通安全设施》
编写委员会

主　　编：戴为民
副 主 编：党永强　王书斌
编写人员：朱冀军　李春杰　滑慧龙　张生学　司　青
　　　　　张宏霞

序 言

推进科学发展、安全发展、和谐发展,建设优质、高效、安全、绿色高速公路,这是民心所向,更是交通运输事业发展的必然。

从1987年河北省自主修建的第一条高速公路——北京至石家庄高速公路开工建设以来,我省高速公路事业披荆斩棘,拾级而上,逐渐步入持续快速发展期。截至2010年底,全省高速公路通车里程达到4307km,位居全国第三位;密度达到2.3km/100km^2。预计到2015年,通车里程将突破7000km,形成以石家庄为中心,围绕京津、环绕渤海,通达重点部位(港口、重要旅游景区和其他重要节点),与相邻五省区便捷连通的高速公路网,基本实现县县通高速。

百年大计,质量第一。未来5年,我省高速公路要适度超前,规模发展,无论是原有道路的拓宽改造,还是向山区、边缘地区拓展延伸都要坚持科学发展,更加注重质量、效率,这对高速公路建设提出了更高标准、更高要求。在多年的发展实践中,我省陆续开展了高速公路建设质量年、混凝土质量通病治理、平安工地建设和"十公开"等一系列行之有效的活动,在关键技术和新材料、新工艺、新设备研究等方面,取得了多项成果,通过开展高速公路建设系统化研究,基本形成了我省一整套高速公路施工建设管理体系,为工程建设高质量推进、高速公路高品质发展提供了可靠保证。

今年是"十二五"的开局之年,交通运输部提出要全面推行现代工程管理,以人本化、专业化、标准化、信息化、精细化为抓手,加强工程质量和施工安全监管,大力推行专业化管理、标准化设计、工厂化施工和信息化监管,并明确要求2011年及以后新开工高速公路项目要全面开展施工标准化。为深入贯彻落实好交通运输部推行现代工程管理的总体部署,提升我省高速公路建设管理水平和行业文明施工形象,确保工程质量和安全,省厅组织编制了《河北省高速公路施工标准化管理指南》(以下简称《指南》)系列丛书,这本集管理、工地建设、路基、路面、桥梁、隧道、房建、机电及交通安全设施等内容于一体的管理指南,系统总结了我省以往高速公路建设中积累的宝贵经验,针对现代工程管理新形势提出了一些新观点、新要求、新做法,并对施工、监理、管理等施工组织行为提出了具体要求。与此同时,《指南》在大部分分册中都设有专门的"安全"章节,对安全生产明确了相关规程和特别要求,具有很强的针对性和指导性。能够把"以人为本、安全至上"的理念融入发展的过程中,这是非常重要的。

相信本《指南》的出版,能够为我省高速公路建设施工标准化管理提供可资借鉴的技术要求和制度参考。

最后,在《指南》付梓出版之际,谨向广大公路建设者致意,向所有参与本书编审工作的人员致谢。希望广大管理者和建设者切实把标准化管理贯彻到工程实施的每一个环节,为高速公路质量和安全加把"放心锁";也希望大家在工程实践中不断归纳好做法、总结好经验,把高速公路施工管理标准化建设不断推向新高度,为我省高速公路事业再创辉煌,为科学发展、富民强省作出新贡献。

二〇一一年九月

目　录

1　总则 ··· 1
　1.1　目的和适用范围 ·· 1
　1.2　编制依据 ··· 1
　1.3　主要内容 ··· 1
2　术语 ··· 2
3　施工准备 ··· 6
　3.1　一般要求 ··· 6
　3.2　人员组织 ··· 6
　3.3　技术准备 ··· 7
　3.4　材料准备 ··· 8
4　交通标志 ··· 9
　4.1　一般要求 ··· 9
　4.2　防腐要求 ··· 9
　4.3　施工流程及施工要点 ·· 10
　4.4　质量验收 ··· 14
5　路面标线 ··· 17
　5.1　一般要求 ··· 17
　5.2　材料要求 ··· 18
　5.3　施工要点 ··· 22
　5.4　质量验收 ··· 24
6　波形梁护栏 ·· 27
　6.1　一般要求 ··· 27
　6.2　施工要点 ··· 27
　6.3　质量验收 ··· 29
7　活动护栏 ··· 31
　7.1　一般要求 ··· 31
　7.2　施工要点 ··· 31
　7.3　质量验收 ··· 32

8 混凝土防撞护栏 ·· 33
9 轮廓标 ··· 34
9.1 一般要求 ·· 34
9.2 施工要点 ·· 34
9.3 质量验收 ·· 35
10 防眩设施 ··· 36
10.1 一般要求 ·· 36
10.2 施工要点 ·· 36
10.3 质量验收 ·· 37
11 隔离栅、桥梁护网 ··· 39
11.1 一般要求 ·· 39
11.2 材料要求 ·· 39
11.3 施工要点 ·· 40
11.4 质量验收 ·· 42
12 安全生产、文明施工 ·· 43
12.1 安全生产 ·· 43
12.2 文明施工 ·· 44

1 总则

1.1 目的和适用范围

1.1.1 目的
为规范高速公路交通安全设施施工,提高管理水平,确保各道施工工序落实到位,避免质量通病,保证工程质量,保障施工安全,倡导文明施工,编制本指南。

1.1.2 适用范围
本指南适用于河北省2011年以后新开工的高速公路建设项目。

1.2 编制依据

1.2.1 国家、交通运输主管部门发布的与工地建设、公路工程施工有关的法律法规及相关文件、标准、规范、规程和指南。

1.2.2 河北省颁布施行的有关施工管理的规定。

1.2.3 行业内通行的先进施工工艺和管理办法。

1.3 主要内容

本册共12章,主要内容包括:总则,术语,施工准备,交通标志,路面标线,波形梁护栏,活动护栏,混凝土防撞护栏,轮廓标,防眩设施,隔离栅、桥梁护网,安全生产、文明施工。

2 术语

2.0.1 护栏 barrier

一种纵向吸能结构,通过自体变形或车辆爬高来吸收碰撞能量,从而改变车辆行驶方向、阻止车辆越出路外或进入对向车道、最大限度地减少对乘员的伤害。按其在公路中的纵向设置位置,可分为路基护栏和桥梁护栏;按其在公路中的横向设置位置,可分为路侧护栏和中央分隔带护栏;根据碰撞后的变形程度,可分为刚性护栏、半刚性护栏和柔性护栏。

2.0.2 路基护栏 subgrade barrier

设置于路基上的护栏。

2.0.3 桥梁护栏 bridge railing

设置于桥梁上的护栏。

2.0.4 纵向有效构件 longitudinal effective element

桥梁护栏中能有效地阻挡失控车辆越出桥外的纵向受力构件。根据其承受碰撞荷载的大小,可分为主要纵向有效构件(如主要横梁)和次要纵向有效构件(如次要横梁)。

2.0.5 纵向非有效构件 longitudinal ineffective element

桥梁护栏中不考虑承受车辆碰撞荷载的纵向非受力构件。

2.0.6 路侧护栏 roadside barrier

设置于公路路肩上的护栏,以防止失控车辆越出路外或碰撞路侧构造物和其他设施。

2.0.7 中央分隔带护栏 median barrier

设置于公路中央分隔带内的护栏,以防止失控车辆穿越中央分隔带闯入对向车道,并保护中央分隔带内的构造物。

2.0.8 刚性护栏 rigid barrier

一种基本不变形的护栏结构。混凝土护栏是其主要代表形式,由一定形状的混凝土块相互连接而组成墙式结构,通过失控车辆碰撞后爬高并转向来吸收碰撞能量。

2.0.9 半刚性护栏 semi-rigid barrier

一种连续的梁柱式护栏结构,具有一定的强度和刚度。波形梁护栏是其主要代表形式,由相互拼接的波纹状钢板和立柱构成连续梁柱结构,利用土基、立柱、波纹状钢板的变形来吸收碰撞能量,并迫使失控车辆改变方向。

2.0.10 柔性护栏 flexible barrier

一种具有较大缓冲能力的韧性护栏结构。缆索护栏是其主要代表形式,由数根施加初拉力的缆索固定于端柱上而组成钢缆结构,主要依靠缆索的拉应力来抵抗车辆的碰撞荷载、吸收碰撞能量。

2.0.11 护栏标准段 standard section of barrier

某种护栏断面结构形式保持不变并在一定长度范围内连续设置的结构段。

2.0.12 护栏过渡段 transition section of barrier

在两种不同护栏断面结构形式之间平滑连接并进行刚度过渡的专门结构段。

2.0.13 护栏渐变段 flare section of barrier

设置于护栏外移端头与标准段之间进行线形平滑过渡的结构段。

2.0.14 护栏端头 barrier end

护栏标准段开始端或结束端所设置的端部结构。

2.0.15 路侧安全净区 roadside clear zone

公路行车方向最右侧车行道以外、相对平坦、无障碍物、可供失控车辆重新返回正常行驶路线的带状区域。

2.0.16 解体消能设施 breakaway device

设置于公路路侧安全净区内的标志立柱、照明灯杆、交通信号灯柱等各类路侧行车障碍物在受到车辆撞击时,通过自身的解体来吸收碰撞能量,从而减轻交通事故严重性的设施。

2.0.17 隔离栅 fence

用于阻止人、畜进入公路或沿线其他禁入区域、防止非法侵占公路用地的设施。

2.0.18 桥梁护网 overpass fencing facilities

安装于公路上跨桥梁两侧、用于阻止有人向公路内抛扔物品、杂物,或防止运输散落物等落到公路上的防护设施。

2.0.19　防眩设施 anti-glare facilities

防止夜间行车受对向车辆前照灯眩目影响的设施。防眩设施一般有网式和板式两种。

2.0.20　轮廓标 delineator

沿公路两侧边缘设置的,用以指示公路方向、车行道边界的视线诱导设施。常见的有附着式、柱式以及光电式等。

2.0.21　活动护栏 movable barrier

设置在中央分隔带开口处用以分隔对向交通的可移动护栏,在抢险、救援等紧急情况下,能及时、方便地开启,使车辆紧急通过。

2.0.22　遮盖力 hiding power

路面标线涂料所涂覆物体表面不再能透过涂膜而显露出来的能力。

2.0.23　遮盖率 hiding ratio

路面标线涂料在相同条件下,分别涂覆于亮度因数不超过5%黑色底板上和亮度因数不低于80%白色底板上的遮盖力之比。遮盖力用亮度因数来描述,遮盖力与亮度因数成正比。

2.0.24　面撒玻璃珠 drop-on beads

涂料在路面画出标线后,播撒在未干的标线涂料表面的玻璃珠。

2.0.25　预混玻璃珠 premix glass beads

在路面标线涂料画线以前,均匀混合在该涂料中的玻璃珠。

2.0.26　镀膜玻璃珠

为改善玻璃珠的性能,在其表面覆盖有特定涂层的玻璃珠。

2.0.27　逆反射器 reflector

由一个或多个逆反射元组成的、可直接应用的器件或组件,通常为梯形片状。

2.0.28　定向透镜 direction lens

一种在一定的入射条件下和观测条件下才具备逆反射性能的器件,通常为小双凸镜。

2.0.29　全向透镜

在水平入射360°的入射条件下都具有逆反射性能的逆反射器。

2.0.30　交通锥 traffic cone

由一个或多个部分组成,包括底座、锥体、反光面的锥形物体,是一种用于道路交通隔离警戒的设施。又称锥形路标、锥形筒、红帽子、方尖碑。

2.0.31　事故严重度 accident severity

衡量一定质量的车辆以一定的碰撞条件与路侧障碍物碰撞造成事故的严重程度指标,它是事故造成财产损失、伤亡程度的综合估计值。

2.0.32　防撞筒 road safety barrel

设置在公路的转弯、出入口、收费岛头、桥梁护栏端头、上跨桥的桥墩处等存在严重安全隐患的地方,起警示和减缓冲击作用的圆形安全设施。在发生车辆冲撞时,能减轻事故严重度、降低事故损失。

2.0.33　声屏障 noise barriers

在声源和接收者之间插入一个设施,使声波传播有一个显著的附加衰减,从而减弱接收者所在的一定区域内的噪声影响的设施。

3 施工准备

3.1 一般要求

3.1.1 在交通安全设施开工前,应对施工现场的地质地基情况、水文气象条件等进行勘察,施工单位技术人员在全面理解设计要求和做好设计技术交底的基础上,根据设计要求、合同文件和现场的实际情况,编制切实可行的实施性施工组织设计,并按规定报批。

3.1.2 在开工前,必须建立健全质量、环保、安全管理体系和质量检测体系,并细化到各施工工点;对各类施工班组、施工人员进行岗前培训和技术、安全等交底。

3.1.3 按计划安排组织各工种的技术人员、施工队、机械设备进场,并满足工程实际需要。

3.1.4 根据主体工程的施工进度,合理安排工点施工,避免交叉干扰和交叉污染。

3.1.5 根据施工现场情况,设立相应的噪声隔离设施,避免噪声污染。

3.1.6 项目部建设应,参照《河北省高速公路施工标准化管理指南 第2部分 工地建设标准化》执行(以下简称《工地建设标准化》)。

3.1.7 确保外供电力的供应畅通,同时应急电力设施要配备齐全。

3.1.8 交通安全设施产品按照相关规定进行试验检测,并经工地检验确认满足设计要求后,方可使用。

3.2 人员组织

3.2.1 按计划安排组织施工人员进场,并满足工程实际需要。

3.2.2 根据合同工期合理安排施工队陆续进场;编制(月、季、半年、年)劳务用工计划,确保特殊季节(农忙、节假日等)劳务人员数量。

3.2.3 施工队伍的特殊工种作业人员,必须具备安检部门颁发的特种作业许可证。

3.2.4 施工单位要及时统计劳务人员基本信息,及时与工程所在地公安机关、劳动部门沟通,办理相关手续。

3.2.5 定期对劳务人员进行安全教育,按时对劳务人员发放劳保用品。

3.2.6 按时对劳务人员工资进行结算,不准拖欠农民工工资。施工单位负直接责任,项目建设单位负监管责任。

3.2.7 各施工工点管理组织机构框图见图3-1。

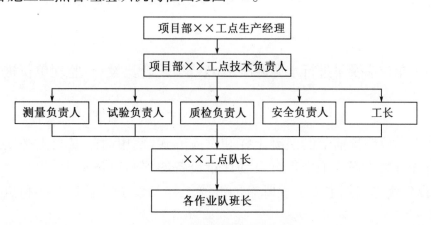

图3-1 施工工点管理组织机构框图

3.3 技术准备

3.3.1 开工前,施工单位将现场调查和核对的情况在接管工地14天之内通知监理工程师,然后根据监理工程师提供的测设资料和测量标志,在28天内将复测结果提交给监理工程师。

3.3.2 经过复核,对存在异议的设计,施工单位应及时向监理工程师反映,监理工程师与设计代表一并协调解决。

3.3.3 施工组织设计宜包括以下内容:编制说明、施工组织机构、施工平面布置图、施工方法、资源计划、总进度计划和进度图、质量管理、安全生产、环境保护等。

3.3.4 交通安全设施所有钢质材料,必须进行防腐处理。

3.3.5 所有进场材料应具有产品合格证书,并应进行抽样检查。

3.3.6 所有交通安全设施工程施工前,均应执行首件工程样板制度。交通安全设施首件样板工程包括:标志(不小于1km),标线(不小于200m),波形梁钢护栏(不小于500m),隔离栅(刺钢丝与焊接网各不小于500m),防眩设施(不小于500m)。

3.4 材料准备

3.4.1 交通安全设施所用主要材料应进行"甲控"。项目建设单位、监理及施工单位共同考察落实所用材料的供货单位。有条件时,可进行"甲供"。

3.4.2 所有材料进场后经检测验收后方可使用。必要时,执行见证取样制度,进行外委试验检测。

3.4.3 施工单位应及早进行水泥混凝土(砂浆)配合比设计;监理单位进行平行验证试验并审批。

3.4.4 施工单位应提前落实混凝土拌和供应方式:使用商品混凝土必须经项目建设单位批准;自拌混凝土必须采用带有自动计量设备的拌和设备集中拌和,混凝土搅拌运输车运输。提倡优先选用主体工程既有的混凝土拌和设备。混凝土拌和执行监理旁站制度。

4 交通标志

4.1 一般要求

4.1.1 施工前,现场踏勘全面核实交通标志设置位置、高度、版面内容等,以保证标志设置位置合理,且不受声屏障等设施的影响;保证版面内容正确,为司乘人员提供正确的、饱满的信息,正确引导交通运营,无信息遗漏、错误或信息过于拥挤。做到以人为本、安全至上,使公路出行者更便捷、更舒适、更方便。

4.1.2 项目建设单位和监理单位共同现场检查施工单位标志标牌加工工厂的工作环境,保证其满足加工要求,且贴膜作业间必须防尘,并满足温、湿度控制要求。温度不低于18℃,相对湿度在20%~50%范围内。

4.1.3 交通标志板面框架应整体制作,使用定型框架支设运输。不得现场拼装板面框架。

4.1.4 交通标志板面框架,应具有足够的刚度,应采用网格式框架运输,板面应保持平整,不得损伤版面。施工单位应根据设计风速、板面尺寸、支撑方式等等,验算交通标志结构的强度及其稳定性等。

4.1.5 板面必须采用卷边工艺,不得采用包边工艺。

4.1.6 交通标志在运输、安装过程中不应损伤标志面及金属构件的镀层。

4.2 防腐要求

4.2.1 所有钢构件均应进行防腐处理。除设计文件另行规定外,防腐处理均应满足现行《高速公路交通工程钢构件防腐技术条件》(GB/T 18226)的规定。螺栓、螺母等紧固件和连接件在防腐处理后,必须清理螺纹或进行离心分离处理。

4.2.2 铝合金构件可不考虑防腐处理。

4.2.3 不同材质的金属构件互相接触时,应使用非金属套、垫或保护层使两者隔离。

4.3 施工流程及施工要点

4.3.1 加工标志底板流程图如图4-1。

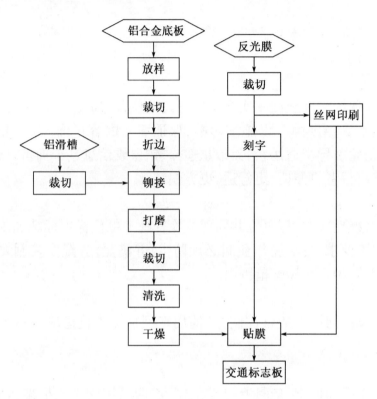

图4-1 交通标志板生产工艺流程图

4.3.2 制作标志面

1)标志面采用反光膜材料时,应符合下列规定:

(1)标志反光膜的逆反射性能应符合设计要求。

(2)反光文字符号应采用电脑刻绘机来完成。标志底膜应在专用的真空热敏压贴机或连续电动滚压贴膜机上完成贴膜。文字符号一般采用转移膜法粘贴。

(3)反光膜应尽量减少拼接。当不能避免接缝时,应使用反光膜产品的最大宽度进行拼接,接缝以搭接为主。当需要滚筒粘贴或丝网印刷时,可以平接,其间隙不应超过1mm。在距标志板边缘50mm范围内,不得拼接。

(4)当批量生产版面和规格相同的标志时,可采用丝网印刷的方法。

2)包装、储存及运输标志面时,应符合下列规定:

(1)采用丝网印刷的标志面,应在油墨干透后方可包装。

(2)贴上反光膜的标志板,应使用保护纸进行分隔,并应存放在室内干燥的地方。标志可以分层储存,但应使用发泡胶把两块标志分隔。标志也可以竖立储存以减少压力,一些小标志可以悬挂储存。

(3)标志面应有软衬垫材料加以保护,以免搬运中受到刻划或其他损伤。

(4)采用其他标志面材料时,应符合设计文件的规定。

4.3.3 钢构件的加工

1)法兰盘和加强筋板的加工流程,见图4-2。

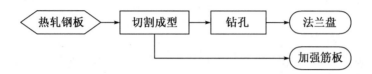

图4-2 法兰盘和加强筋板的加工流程图

通常法兰盘和加强筋板的生产工艺是相同的,应分别根据设计要求,选择不同的材料和加工不同的形状、尺寸。切割一般是采用半自动氧气乙炔切割机,用钻床在法兰盘上钻孔成型。

2)横梁和短横梁的加工流程见图4-3。

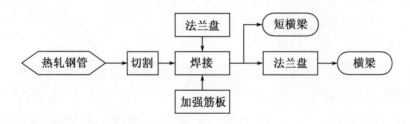

图4-3 横梁和短横梁的加工流程图

横梁和短横梁的生产工艺是相同的。钢管的切割一般直接采用氧气乙炔切割。短横梁是立柱的一个部件,将其焊接到立柱上后,一并热浸镀锌。

3)立柱的生产工艺流程见图4-4。

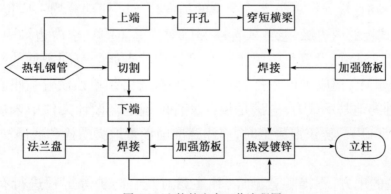

图4-4 立柱的生产工艺流程图

立柱的生产工艺基本是短横梁、法兰盘和加强筋板等部件的焊接组合。钢管上端的开孔宜采用钻孔。

4)柱帽的加工流程见图4-5。

在公路现场,把立柱上端短横梁的法兰盘与横梁的法兰盘进行连接,端头盖上柱帽,就完成了单悬臂式的支撑件。

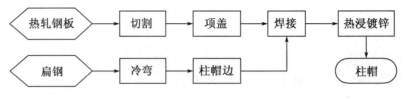

图 4-5　柱帽的加工流程图

5)连接件制作工艺流程。

连接件,包括螺栓、螺母、抱箍等紧固件。其中螺栓、螺母等紧固件通常是采购的标准件。必要时,进行热浸镀锌等防腐处理。连接件中抱箍的生产工艺流程见图 4-6。

图 4-6　抱箍的生产工艺流程见图

6)所有钢构件在运输过程中,不应损伤防腐层,应对构件表面进行必要的包裹防损处理。损伤部位必须按照相关要求进行防腐处理。

4.3.4　施工要点

1)所有交通标志均应按设计要求确定合理的设置位置。对于在桥梁、声屏障等特殊位置设置的交通标志,必须全面核实设置方案的可行性。

(1)标志应按设计桩号定位。标志桩号不能随便更改。在规定位置设置有困难时,可以在不影响标志视认性的情况下进行适当调整。互通区出入口方向性的标志版面布置应与实际方向一致。

(2)依照设计图纸要求,准确找到标志安放桩号位置,对开挖的基坑进行准确放样;安装立柱前要对基坑的压实度进行检测,对于压实度不满足的基坑要进行必要的处理。

(3)标志定位时,应保证各类交通标志的横向位置任何部分均不应侵入公路建筑限界以内,其中柱式板的内边缘、悬臂式标志和门架式标志的立柱内边缘距土路肩边缘线的距离不应小于 25cm。设置于桥梁上的小型交通标志如受空间条件的限制,其立柱可以落在混凝土护栏上,但应进行必要的防护;大型标志必须单独设置基座。

2)标志基础的地基承载力,应满足设计文件的规定。设计文件中未规定时,地基承载力不得小于 150kPa。浇筑混凝土时,应注意准确设置地脚螺栓和底座法兰盘。

(1)开挖基坑。

①开挖基坑的土方,不得随意抛弃,并注意对既有防护等工程进行有效保护,减小损坏。

②对过深基坑做好必要的安全防护措施。基坑开挖后,应及时进行混凝土浇筑。雨季施工时,成型的基坑必须采取防水毁措施。

(2)基础浇筑。

①基础浇筑前必须支设模板,外露部分必须使用钢模板。混凝土不得直接接触基坑土石方面。

②基座基底必须用C20混凝土(或M10砂浆)抹面。

③基座钢筋笼要用高强度等级混凝土(或砂浆)垫块支垫。

④将法兰盘的外露螺栓进行包裹处理,以防施工过程中将其丝扣损坏。混凝土振捣必须使用机械振捣棒振捣,并保证法兰盘下混凝土密实。

⑤混凝土基础中的地脚螺栓和基底法兰盘位置应准确,并经监理工程师检验后,才能浇筑混凝土。在混凝土施工完毕后,应采用适当的方法保护地脚螺栓免于锈蚀、人为破坏或预埋位置扰动。

⑥混凝土基础表面必须采用二次收浆工艺,第二次用钢抹子抹面压光。

⑦收浆后,及时用土工布覆盖洒水养生,养生期应符合相关规定。低温期浇筑的混凝土基础时必须采取覆盖保温措施。

3)标志安装。

(1)根据设计图纸要求以及基础顶部高程,准确测算出立柱的长度,并逐一进行编号登记,在立柱上用红色漆喷涂编号。

(2)焊接加工好的标志立柱应进行防腐处理,可进行热镀锌处理,应保证其镀锌层厚度达到设计要求,且立柱表面无流挂、滴瘤、漏镀等现象。

(3)立柱必须在基础混凝土强度达到设计强度的80%以上时才能安装,将防腐处理好的立柱用吊车将其安装在先期浇筑好的混凝土基础上,并按规范要求调整竖直度。调整好后,必须对地脚螺栓进行防盗点焊,并应对焊点部位进行防腐处理。

(4)立柱安装前,监理工程师应全面检验立柱和基座质量,合格后方可安装。应检查:标志基础几何尺寸、外观质量、法兰盘下混凝土密实度、地脚螺栓和法兰盘预埋位置情况、立柱等金属构件镀层厚度,几何尺寸,立柱长度等。

(5)经检验合格的标志牌产品,其运输、储存和搬运应按相关标准规范要求进行。

(6)标志牌在装卸过程中,尽量不让贴有反光膜的一面接触较脏物品,以保证其表面整洁。如有污染,应立即用工业酒精清理干净。

(7)标志板安装前,监理工程师应全面进行检查验收,合格后方可安装。应检查:标志板外形尺寸、底板厚度、底板框架拼接质量、版面内容、平整度、反光膜等级和逆反射系数,以及贴膜是否有气泡、褶皱、裂缝、缺损或凹凸变形等。

(8)交通标志安装角度要求如下:

①所有交通标志都应该按照设计图中的要求定位和设置,所安装的标志应与交通流方向几乎成直角,在曲线路段,标志的设置角度应由交通流的行进方向来确定,而不是由设置标志所在地点的道路方向来确定。

②路侧安装时,为避免标志面眩光对驾驶人的影响,标志板面的法线应与公路中心线平行或成一定角度,禁令标志和指示标志为0°~45°,指路标志和警告标志为0°~10°。

③采用悬臂、门架或附着式支撑结构时,标志的安装角度应与公路中心线垂直。在积雪地区,门架安装时标志板可前倾0°~10°。

(9)根据测量好的立柱间尺寸,将抱箍底座以及连接螺栓在铝槽中安放好。

(10)在安装人员做好安全防护准备工作后,将标志牌用绳索固定,利用吊车或滑轮装置将其吊至立柱安装部分,并利用水平尺保证板面的整体水平。路侧柱式标志板可通过抱箍固定在立柱上。

(11)吊装过程中需避免板面大幅度摆动,以免擦伤反光膜,同时一定注意标志,特别是悬臂标志不要与既有电线发生干扰。在紧固连接螺栓时,应注意螺栓与板面的受力均匀,不要造成板面的凹凸不平而影响反光效果。

(12)悬臂或门架安装的标志,其设置高度应满足公路建筑限界的规定。吊装横梁时,应使预拱度达到设计文件的要求。考虑到标志构件施工误差、标志门架、横梁变形下垂、路面加厚面层等因素,标志净空高度须留 20~50cm 的余量。在积雪地区,标志净空高度应考虑历年积雪深度及除雪方法,一般情况下,净空高度应留有压实雪层厚度。

(13)标志安装完毕后,应进行板面平整度和安装角度的调整,以确认在白天和夜间条件下标志的外观、视认性、颜色、镜面眩光等是否符合图纸要求。

(14)标志安装完毕后,整理施工作业区,恢复路面整洁。检测标志板下缘至路面净空高度及标志板内缘距路边缘距离,检查柱帽是否安装牢固。

4.4 质量验收

4.4.1 一般要求。

(1)标志的设置位置及安装角度,应符合设计文件的要求。

(2)标志面应平整完好,无起皱、开裂、缺损或凹凸变形。标志板边缘应整齐、光滑。

(3)标志面在夜间车灯照射下,底色和字符应清晰明亮、颜色均匀,不应出现明暗不均和影响认读的现象。

(4)标志板外形尺寸、底板厚度、文字高度、标志面的逆反射性能等,应符合设计文件的规定。

(5)标志板下缘至路面的净空高度及标志板内缘距公路边缘线的距离,应满足设计文件的要求。

(6)所有钢构件防腐层应均匀、颜色一致,不得有流挂、滴瘤或多余结块,镀件表面应无漏镀等缺陷。

(7)标志基础的地基承载力和规格、强度应符合设计要求。

4.4.2 检测方法。

1)标志板外形尺寸及标志底板厚度检验。

(1)用分辨率为1mm钢卷尺,在方形或长方形标志的长、宽方向各量取三次,取算术平均值。

(2)圆形标志在不同方向间隔120°量取三次直径,取算术平均值。

(3)三角形标志量取3个边的边长,取算术平均值。允许偏差为±5mm。用万能角尺量取三角形内角,取算术平均值。

（4）当标志边长尺寸大于 1.2m 时,允许偏差为边长的 ±0.5%。

2）标志字体尺寸检验。

（1）目测检查标志汉字、数字、英文的字体,是否符合《道路交通标志和标线》(GB 5768—2009)标准中的规定。全线标志字体应统一。

（2）标志字符尺寸应用分辨率为 1mm 的钢卷尺测量。由于汉字结构上的差异,表现在高度上有一定差别,因此,在测量时按汉字的基本字高来控制。用分辨率为 1mm 钢卷尺量取三次,取算术平均值。

3）标志面反光膜等级及逆反射系数检验。

（1）目测检查标志面反光膜等级。标志板所用反光膜应与设计文件规定的等级相符。

（2）使用便携式逆反射系数测量仪测量标志板面反光膜的逆反射系数。测量结果应符合相关标准要求。

4）标志板下缘至路面净空高度及标志板内缘距路边缘线距离检验。

（1）悬臂标志和门架标志要检验标志板下缘至路面净空高度。可用钢卷尺、皮尺、塔尺等工具直接量取,也可用全站仪、经纬仪测量计算。

（2）路侧标志要检验标志板内缘至路肩边缘线的距离。从路侧标志板内缘挂垂线,测量从垂线到道路边缘线的距离。

5）标志柱竖直度检验。

（1）用垂线、直尺检验标志柱竖直度时,可先用垂直水平尺靠在立柱竖向边缘,如气泡不居中,说明标志柱不垂直。沿立柱边移动垂直水平尺,找出倾斜度最大的方向。沿该方向用大于 100cm 的长垂线和直尺测量竖直度偏差值。

（2）标志柱竖直度的允许偏差为 ±3mm/m。

6）标志金属构件防腐质量检验。

（1）标志金属构件包括立柱、横梁、门架等,其镀锌量为 $550g/m^2$,镀层近似厚度为 $78\mu m$;紧固件的镀锌量为 $350g/m^2$,镀层近似厚度为 $50\mu m$。

（2）用涂层测厚仪(精度 $1\mu m$)测量。测试方法应按《热喷涂涂层厚度的无损测量方法》(GB 11374—1989)规定进行。在标志立柱、横梁、门架、法兰盘及紧固件等构件表面测量,每一构件的上、中、下三部各测四点,取算术平均值。

7）标志基础尺寸检验。

检验标志基础尺寸可检查施工记录,用钢卷尺抽检基础平面尺寸,如对基础埋深有疑问时,应开挖检查。基础尺寸的允许偏差为 ±50mm。基础混凝土表面平整、密实、光洁,不应有蜂窝麻面。

8）基础混凝土强度检验。

检查试验记录。评价标志基础混凝土的抗压强度,以标准养护 28d 龄期边长 15cm 立方体试件为准,可用非统计方法按下述条件进行评定:

$$R_n \geqslant 1.15R$$

$$R_{\min} \geqslant 0.95R$$

式中:n——同批混凝土试件组数;

R_n——同批 n 组试件抗压强度的平均值,MPa;

R——混凝土设计强度,MPa;

$R_{\min}$——n 组试件中强度最低一组的值,MPa。

5 路面标线

5.1 一般要求

5.1.1 严格控制标线涂料、反光标线、玻璃珠、突起路标材料质量。

5.1.2 标线喷涂前要仔细清洁路面,表面应清洁干燥,无松散颗粒、灰尘、沥青渣、油污、沙土、积水或其他有害物质。

5.1.3 新铺沥青混凝土路面的交通标线施工,可在路面施工完成一周后开始;新建水泥混凝土路面的交通标线施工,应在混凝土养护膜老化起皮并清除后开始。水泥混凝土路面应施画双组分标线。

5.1.4 标线预涂底油时,应先喷涂热熔底油下涂剂,按试验确定的间隔时间喷涂热熔涂料,以提高其黏结力。

5.1.5 喷涂机具应采用自行式机械。

5.1.6 涂料在容器内加热时,温度应控制在规定值内,不得超过最高限制温度;烃树脂类材料,保持在熔融状态的时间不应大于6h,树胶树脂类材料,不大于4h。

5.1.7 标线长、宽、厚度应符合要求,线形流畅,曲线圆滑,与道路线形相协调。不允许出现折线。标线表面不应出现网状裂缝、断裂裂缝、起泡现象。

5.1.8 突起路标宜在路面标线施工完成后安装,且不得影响标线质量。主线不宜设置突起路标。

5.1.9 路面标线、突起路标施工过程中,应加强安全管理,维护标线涂料和突起路标的正常养护周期。

5.1.10 喷涂施工应在白天进行,雨、雪、沙尘暴、强风、气温低于10℃的天气,应暂停施工。

5.1.11 喷涂标线时,应进行交通管制,设置适当的警告标志,阻止车辆、行人在作业区内通行,直至标线充分干燥。

5.1.12 喷涂作业时,采取有效措施,防止涂料污染路面。

5.1.13 标线涂料应在干燥通风的环境下存放。

5.2 材料要求

5.2.1 标线涂料种类。

按照高速公路要求,根据标线涂料种类进行分类,见表5-1。

标线涂料分类表　　　　　　　　　　　　　　　　　表5-1

型号	规格	玻璃珠含量和使用方法	状态
热熔型	反光型	涂料中含18%~25%的玻璃珠。施工时涂布涂层后立即将玻璃珠撒布在其表面	固态
	突起型	涂料中含18%~25%的玻璃珠,施工时涂布涂层后立即将玻璃珠撒布在其表面	
双组分	反光型	涂料中不含(或含18%~25%)玻璃珠,施工时涂布涂层后立即将玻璃珠撒布在其表面	液态
	突起型	涂料中含18%~25%的玻璃珠,施工时涂布涂层后立即将玻璃珠撒布在其表面	
水性	反光型	涂料中不含(或含18%~25%)玻璃珠,施工时涂布涂层后立即将玻璃珠撒布在其表面	液态

5.2.2 性能要求。

(1)热熔型涂料的性能见表5-2。

热熔型涂料性能表　　　　　　　　　　　　　　　　表5-2

项 目	热熔型	
	反光型	突起型
密度(g/cm^3)	1.8~2.3	
软化点(℃)	90~125	≥100
涂膜外观	干燥后,应无皱纹、斑点、起泡、裂纹、脱落、粘胎现象,涂料的颜色和外观应与标准板差别不大	
不粘胎干燥时间(min)	≤3	

续上表

项 目		热 熔 型	
		反光型	突起型
色度性能 (45/0)	白色	涂料的色品坐标和亮度因数应符合 JT/T 280—2004 表6 和图1 规定的范围	
	黄色		
抗压强度(MPa)		≥12	23℃±1℃时，≥12 50℃±2℃时，≥2
耐水性		在水中浸24h应无异常现象	
耐碱性		在氢氧化钙饱和溶液中浸24h无异常现象	
玻璃珠含量(%)		18~25	
流动度(s)		35±10	—
涂层低温抗裂性		-10℃保持4h,室温放置4h为一个循环,连续做三个循环后应无裂纹	
加热稳定性		200~220℃在搅拌状态下保持4h,应无明显泛黄、焦化、结块等现象	
人工加速耐候性		经人工加速耐候性试验后,试板涂层不产生龟裂、剥落;允许轻微粉化和变色,但色品坐标应符合现行规范的相关要求,亮度因数变化范围应不大于原样板亮度因数的20%	

(2)双组分涂料的性能见表5-3。

双组分涂料性能表 表5-3

项 目		双 组 分	
		反光型	突起型
容器中状态		应无结块、结皮现象,易于搅匀	
密度(g/cm³)		1.5~2.0	
施工性能		按生产厂的要求,将A、B组分按一定比例混合搅拌均匀后,喷涂、刮涂施工性能良好	
涂膜外观		涂膜固化后应无皱纹、斑点、起泡、裂纹、脱落、粘贴等现象,涂膜颜色与外观应与样板差别不大	
不粘胎干燥时间(min)		≤35	
色度性能 (45/0)	白色	涂膜的色品坐标和亮度因数应符合现行规范的相关要求	
	黄色		
耐磨性(mg) (200转/1 000g后减重)		≤40(JM—100橡胶砂轮)	
耐水性		在水中浸24h应无异常现象	
耐碱性		在氢氧化钙饱和溶液中浸24h应无异常	
玻璃珠含量(%)		18~25	
人工加速耐候性		经人工加速耐候性试验后,试板涂层不允许产生龟裂、剥落;允许轻微粉化和变色,但色品坐标应符合JT/T 280—2004 表1和图1规定的范围,亮度因数变化范围应不大于原样板亮度因数的20%	

(3)水性涂料的性能见表 5-4。

水性涂料性能表 表 5-4

项 目		水性
		反光型
容器中状态		应无结块、结皮现象,易于搅匀
黏度		80~120(KU 值)
密度(g/cm³)		≥1.6
施工性能		空气或无气喷涂(或刮涂)施工性能良好
漆膜外观		应无发皱、泛花、起泡、开裂、粘贴等现象,涂膜颜色和外观应与样板差异不大
不粘胎干燥时间(min)		≤10
遮盖率(%)	白色	≥95
	黄色	≥80
色度性能 (45/0)	白色	涂料的色品坐标和亮度因数应符合 JT/T 280—2004 表 6 和图 1 规定的范围
	黄色	
耐磨性(mg) (200 转/1 000g 后减重)		≤40(JM—100 橡胶砂轮)
耐水性		在水中浸 24h 应无异常现象
耐碱性		在氢氧化钙饱和溶液中浸 24h 应无异常
冻融稳定性		在-5℃±2℃条件下放置 18h 后,立即置于 23℃±2℃条件下放置 6h 为一个周期,3 个周期后,应无结块、结皮现象,易于搅匀
早期耐水性		在温度为 23℃±2℃、湿度为 90%±3% 的条件下,实干时间≤120min
固体含量(%)		≥75

5.2.3 反光玻璃珠性能要求见表 5-5。

反光玻璃珠性能要求 表 5-5

项 目		1 号和 2 号玻璃珠
外观要求		无色松散球状,清洁无明显杂物,显微镜下无明显气泡或杂质
粒径分布		应符合 GB/T 24722—2009 表 1 中规定
成圆率		玻璃珠成圆率不小于 80%,其中珠径在 850~600μm 范围内玻璃珠的成圆率不小于 70%
密度(g/cm³)		2.4~4.3
折射率	低折射率	1.50≤RI≤1.70
	中折射率	1.70≤RI≤1.90
	高折射率	RI≥1.90

续上表

项　目	1号和2号玻璃珠
耐水性	在沸腾的水浴中加热后,玻璃珠表面不应呈现发雾现象,中和所用0.01mol/L盐酸应在10ml以下
磁性颗粒含量	≤0.1%
防水涂层要求	所有玻璃珠应通过漏斗而无停滞现象

5.2.4 突起路标性能要求见表5-6、表5-7。

突起路标发光强度系数 R 基值　　　　　表5-6

几何条件 α		发光强度系数 R 最小值($mcd \cdot lx^{-1}$)		
观测角	水平入射角 β_2	A_1	A_2	A_3
0.2°	0°	580	279	40
	±20°	272	112	40
0.33°	±5°	472	220	20
1.0°	±10°	74	25	10
2.0°	±15°	11.8	5	5
α 垂直入射角 β_1 和旋转角 ε 均为0°				

突起路标性能要求　　　　　表5-7

项　目		1号和2号玻璃珠
外观要求		基体成型完整,颜色均匀,外表面无明显的划伤、裂缝、飞边等缺陷
逆反射器		完整、无缺损、反光均匀
成圆率		玻璃珠成圆率不小于80%,其中珠径在850~600μm范围内玻璃珠的成圆率不小于70%
密度(g/cm³)		2.4~4.3
结构尺寸	材料	耐化学腐蚀、耐水、耐UV紫外线和耐候性能
	轮廓	边缘应平滑,不应有导致交通伤害的尖锐边线;底部应作工艺处理,以便与路面粘接
	面向行车方向的坡度	A_1 类突起路标≤45℃,A_2 类突起路标≤65℃
	位于路面以上高度	车道分界线形标应≤20mm,边缘线形≤25mm
色度性能	表面色	应符合GB/T 24725—2009表1和图4的规定
	逆反射色	应符合GB/T 24725—2009表2和图5的规定
逆反射性能	发光强度系数	见表5-5
	逆反射器颜色系数	白色　1.0
		黄色　0.6
		红色　0.2
		绿色　0.3
		蓝色　0.1

续上表

项 目		1号和2号玻璃珠
整体/逆反射器抗冲击性能		经抗冲击试验后,以冲击点为圆心,直径12mm的区域外不应有任何形式的破损
抗压荷载	A_1、A_2	160kN
	A_3	245kN
耐磨损性能	A_1	≥GB/T 24725—2009 表5规定值的50%
	A_2	≥GB/T 24725—2009 表5规定值的70%
	A_3	≥GB/T 24725—2009 表5规定值的100%
耐温度循环性能		经温度循环试验后,应无破裂、反射体剥离基体、耐磨层分层等现象
破碎后状态		A_3类碎片呈钝角颗粒状,颗粒最大尺寸≤40mm,30~40mm之间的碎块数≤3块
金属反射膜附着性能		A_3经试验后,金属反射膜应无剥离、浮起等现象
耐盐雾腐蚀性能		无变色、侵蚀、溶液渗入等现象
耐候性能	样品	无明显褪色、粉化、龟裂、锈蚀等现象
	基体	色品坐标和亮度因数仍满足要求
	逆反射器或金属反射膜	不脱落,不分层
	逆反射器 色品坐标	仍满足规定
	逆反射器 发光强度系数	规定值的80%乘以相应的颜色系数

5.3 施工要点

5.3.1 路面标线。

1)设置标线的路面表面应清洁干燥,无松散颗粒、灰尘、沥青渣、油污、沙土、积水或其他有害物质。先进行放线,弹标线轮廓线。

2)为了确保标线涂料和路面材料完全相适应,要进行现场试验确定底油的类型和用量。喷涂底油前,将喷涂部位彻底清理干净,达到表面干燥,无起灰现象。

3)标线宽度、虚线长及间隔、点线长及间隔、双标线的间隔,应按《道路交通标志和标线》(GB 5768—2009)规定施工。标线喷涂厚度应符合图纸要求。应将标线端部用定型模具覆盖粘牢，保证标线两端喷涂质量，并防止污染路面。

4)特殊标线的图案、标记如箭头及字母等的尺寸应按图纸要求和《道路交通标志和标线》(GB 5768—2009)规定施工。喷涂部位外必须进行覆盖保护。且特殊标线在施工中应尽量使用45°的刀头进行切割。

5)所有标线应具有顺直、平顺、光洁、均匀及精美外观，湿膜厚度符合图纸要求。

6)有缺陷的、施工不当、尺寸不正确或位置错误的标线均应清除，路面应修补，材料应更换。正式喷涂前，必须设专人对施工放样进行复核，放样与复核不能为同一人。

7)涂料喷涂于路面时的温度，应符合涂料生产商使用说明的要求，以保证喷涂使用寿命及喷涂质量。

8)玻璃珠的撒布应经试验并获监理人批准后方可实施。撒布玻璃珠应在涂料喷涂后立即进行，以0.3kg/㎡的用量加压撒布在所有标线上。一要保证撒布均匀；二要保证黏结牢固，不宜脱落；三要保证反光标线逆反射系数符合要求。在施工过程中应定时清理撒布器，避免出现堵塞。

9)在手推式热熔标线机前进途中应定时搅动搅棒，以确定机内热熔涂料的均匀度。

10)振荡标线是在平滑的基础标线上，一次成型长方形排骨式突起的高亮度道路标线，即使在雨天也能取得超群的高视认性，在汽车压线的瞬间引起轻快的振动，以提醒驾驶员注意安全，防止越线的新型产品。具体施工工艺为：

(1)路面处理。先清除路面泥土、尘埃等杂物；如含有水分，则应先用喷枪进行干燥处理。

(2)底漆撒布。使用专用设备按热熔型标线涂料的规定用量均匀撒布。

(3)振荡标线的涂敷。往热熔釜中投入专门材料，在充分搅拌的条件下使之完全溶解；在确认底漆完全干燥后，使用专用画线机在170~210℃之间进行涂敷施工。

(4)玻璃微珠的撒布。使用与画线机一体的撒布器在涂敷之后，随即撒布玻璃微珠。

(5)确认涂料充分冷却、固化后，方可开放车辆通行。

(6)振荡标线规格及质量应符合图纸要求。

5.3.2 突起路标。

(1)突起路标应按图纸要求设置，设置时路面面层应干燥清洁，无杂屑。将环氧树脂均匀涂覆于突起路标的底部，涂覆厚度约为8mm，将突起路标压在路面的正确位置上，轻微转动，直到四周出现挤浆并及时清除其溢出部分，在凝固前突起路标不得扰动。

(2)在水泥混凝土路面设置突起路标时，先用硬刷和10%盐酸溶液洗刷混凝土表面，然后用清水冲洗干净，待路面清洁干燥后安装突起路标。

(3)突起路标设置高度，顶部不得高出路面25mm。

(4)突起路标的反光玻璃球有白色、红色或黄色，白色设在一般路段，红色或黄色设在危险路段。

(5)设置间距及其他规定应按图纸要求进行。

(6) 在降雨、风速过大或温度过高过低时,不进行设置。
(7) 突起路标设置后,经检查不合格时,应拆除重新安装。

5.3.3 立面标记。

(1) 立面标记设置的位置应符合图纸规定。
(2) 立面标记的颜色为黄黑相间的倾斜线条,斜线倾角为45°,线宽及其间距均为150mm,设置时应把向下倾斜的一边朝向行车道。桥梁、隧道处立面标记施工时先在设置位置涂满黄漆,后再贴黑色反光膜;收费岛施工时应先涂黄漆后再涂黑漆。
(3) 跨线桥墩柱或墩柱防撞体,限高门架等均应设置立面标记。

5.4 质量验收

5.4.1 路面标线。

1) 基本要求。
(1) 路面标线涂料应符合《路面标线涂料》(JT/T 280—2004)的规定。
(2) 路面标线喷涂前应仔细清洁路面,使其表面干燥,无起灰现象。
(3) 路面标线的颜色、形状和设置位置应符合《道路交通标志和标线》(GB 5768—2009)的规定和图纸要求。

2) 检查项目。
路面标线检查项目见表5-8。

路面标线检查项目　　　　表5-8

项次	检查项目	规定值或允许偏差		检查方法和频率
1	标线线段长度(mm)	6 000	±50	钢卷尺:抽检10%
		4 000	±40	
		3 000	±30	
		1 000～2 000	±20	
2	标线宽度(mm)	400～450	+15,0	钢尺:抽检10%
		150～200	+8,0	
		100	+5,0	
3	标线厚度(mm)	常温型(0.12～0.2)	－0.03,+0.10	湿膜厚度计,干膜用水平尺、塞尺或用卡尺:抽检10%
		加热型(0.20～0.4)	－0.05,+0.15	
		热熔型(1.0～4.50)	－0.10,+0.50	
4	标线横向偏位(mm)	±30		钢卷尺:抽检10%

续上表

项次	检查项目		规定值或允许偏差	检查方法和频率
5	标线纵向间距(mm)	9 000	±45	钢卷尺:抽检10%
		6 000	±30	
		4 000	±20	
		3 000	±15	
6	标线剥落面积		检查总面积的0~3%	4倍放大镜:目测检查
7	反光标线逆反射系数 $(cd \cdot lx^{-1} \cdot m^{-2})$		白色标线≥150 黄色标线≥100	反光标线逆反射系数测量仪:抽检10%

3)外观鉴定。

(1)标线施工污染路面应及时清理。

(2)标线线形应流畅,与道路线形相协调,曲线圆滑,不允许出现折线。

(3)反光标线玻璃珠应撒布均匀,附着牢固,反光均匀。

(4)标线表面不应出现网状裂缝、断裂裂缝、起泡现象。

5.4.2 突起路标。

1)基本要求。

(1)突起路标产品应符合《突起路标》(JT/T 390)的规定。

(2)突起路标的布设及其颜色应符合《道路交通标志和标线》(GB 5768—2009)的规定或符合图纸要求。

(3)突起路标与路面的黏结应牢固、耐久,能经受汽车轮胎的冲击而不会脱落。

(4)突起路标应在路面干燥、清洁,并经测量定位后施工。

2)检查项目。

突起路标检查项目见表5-9。

突起路标检查项目　　表5-9

项次	检查项目	规定值或允许偏差	检查方法和频率
1	安装角度(°)	±5	角尺:抽检10%
2	纵向间距(mm)	±50	钢卷尺:抽检10%
3	损坏及脱落个数	<0.5%	检查损坏及脱落个数,抽检30%
4	横向偏位(mm)	±50	钢卷尺:抽检10%
5	承受压力(kN)	>160	检查测试记录
6	光度性能	在规定范围内	检查测试报告

5.4.3 外观鉴定。

(1)突起路标外观应美观,尺寸符合有关规范要求,表面光滑,不得有尖角、毛刺存在,表面无明显的划伤、裂纹。

(2)突起路标纵向安装应成直线,不得出现折线。曲线段的突起路标应与道路曲线相吻合,线形圆滑、顺畅。

(3)突起路标黏结剂不得造成路面污染。

6 波形梁护栏

6.1 一般要求

6.1.1 波形梁护栏的路基土压实度和混凝土护栏的地基承载力应符合设计文件的规定。

6.1.2 所有钢构件均应进行防腐处理。除本规范和设计文件另行规定外,防腐处理均应满足现行《高速公路交通工程钢构件防腐技术条件》(GB/T 18226)的规定。螺栓、螺母等紧固件和连接件在防腐处理后,必须清理螺纹或进行离心分离处理。

6.1.3 对于桥涵构造物耳墙上的波形梁护栏安装基座应提前预留。

6.1.4 对于埋深达不到波形梁护栏立柱埋深的构造物,必须浇筑混凝土基座。

6.1.5 波形梁护栏二次校正后,必须全面进行防盗点焊。进行点焊后,因点焊的过程破坏了护栏上的防腐层,应及时进行防腐处理。

6.1.6 波形梁护栏与桥梁上的混凝土护栏交接处的接缝应严丝合缝,避免出现断带。

6.1.7 所有镀锌喷塑处理的护栏在运输中要注意保护护栏上的防腐层,避免刮伤、磨损,且避免压伤护栏使其变形。

6.1.8 同一条路,波形梁护栏与桥梁过渡连接方式应一致。

6.2 施工要点

6.2.1 立柱放样。
(1)应根据设计文件进行立柱放样,并以桥梁、通道、涵洞、隧道、中央分隔带开口、互通式立体交叉等控制立柱的位置,进行测距定位。
(2)立柱放样时可利用调节板调节间距,并利用分配方法处理间距零头数。
(3)应调查立柱所在处是否存在地下管线、排水管等设施,或构造物顶部埋土深度不足的情况。

（4）应避开急流槽水簸箕口。

6.2.2 立柱安装。

1）立柱安装应与设计文件相符,并与公路线形相协调。

2）位于土基中的立柱,可采用打入法、挖埋法或钻孔法施工。立柱高程应符合设计要求,并不得损坏立柱端部。

（1）采用打入法打入过深时,不得将立柱部分拔出加以矫正,必须将其全部拔出,将基础夯实后再重新打入。立柱无法打入到要求深度时,严禁将立柱的地面以上部分焊割、钻孔,不得使用锯短的立柱,不得使用焊接的立柱。

（2）采用挖埋法施工时,回填土应采用良好的材料并分层夯实,回填土的压实度不应小于设计规定值。填石路基中的柱坑,应用粒料回填并夯实。

（3）采用钻孔法施工时,立柱定位后应用与路基相同的材料回填,并分层夯填密实。

3）在铺有路面的路段设置立柱时,柱坑从路基至面层以下5cm处应采用与路基相同的材料回填并分层夯实,余下部分应采用与路面相同的材料回填并压实。

4）位于石方区的立柱,应根据设计文件的要求设置混凝土基础。

5）位于小桥、通道、明涵等混凝土基础中的立柱,可设置在预埋的套筒内通过灌注砂浆或混凝土固定,或通过地脚螺栓与桥梁护轮带基础相连。外露构件应涂刷与护栏立柱颜色基本一致的漆,并进行防盗处理。

6）立柱安装就位后,其水平方向和竖直方向应形成平顺的线形。

7）护栏渐变段及端部的立柱,应按设计规定的坐标进行安装。

8）护栏带与构造物连接处基坑应设置均匀,避免出现杂点等情况。

9）调节板上的螺栓孔的距离应小于4m。

10）如果护栏在路面喷洒乳化沥青前施工,其立柱上的防腐层应有相应的防护措施,避免在喷洒沥青时损坏立柱的防腐层及污染立柱。

6.2.3 防阻块、托架、横隔梁安装。

（1）防阻块、托架应通过连接螺栓固定于护栏板和立柱之间,在拧紧连接螺栓前应调整防阻块、托架使其准确就位。防撞等级为SA、SAm和SS的波形梁护栏在安装防阻块时,应同时安装上层立柱,线形应与下层立柱相同。

（2）设有横隔梁的中央分隔带护栏,应在立柱准确定位后安装横隔梁。在护栏板安装前,横隔梁与立柱间的连接螺栓不应过早拧紧。

6.2.4 横梁安装。

（1）护栏板应通过拼接螺栓相互连接成纵向横梁,并由连接螺栓固定于防阻块、托架或横隔梁上。护栏板拼接方向应与行车方向一致。拼接螺栓必须采用高强螺栓。

（2）防撞等级为SA、SAm和SS的波形梁护栏通过螺栓将上层横梁与上层立柱加以连接。

(3) 立柱间距不规则时,可利用调节板、梁进行调节,不得采用现场切割护栏板的方法。

(4) 所有的连接螺栓及拼接螺栓应在护栏的线形达到规定要求时才能拧紧。终拧扭矩应符合表6-1的规定。

波形梁护栏板连接螺栓及拼接螺栓的终拧扭矩规定值　　表6-1

螺栓类型	螺栓直径(mm)	扭矩值(N·m)
普通螺栓	M16	60~68
	M20	95~102
	M22	163~170
高强螺栓		315~430

(5) 安装完毕后,必须进行二次校正。校正时应以桥涵等构造物间为一自然校正段;构造物间距过大时,每校正段长度不应小于2km。

6.2.5　端头安装

各类护栏端头应通过拼接螺栓与护栏板牢固连接,拼接螺栓必须采用高强螺栓。防撞等级为SA、SAm和SS的波形梁护栏上的横梁必须按设计文件的规定进行端头处理。

6.3　质量验收

6.3.1　基本要求。

(1) 波形梁钢护栏产品应符合《高速公路波形梁钢护栏》(JT/T281)及《公路三波形梁钢护栏》(JT/T457)的规定。

(2) 护栏立柱、波形梁、防阻块及托架的安装应符合设计图纸和施工规范的要求。

(3) 为保证护栏的整体强度,路肩和中央分隔带的土基压实度不应小于设计值。达不到压实度要求的路段不应进行护栏立柱打入施工。石方路段和挡土墙上的护栏立柱的埋深及基础处理应符合设计要求。

(4) 波形梁护栏的端头处理及与桥梁护栏过渡段的处理应满足设计要求。

(5) 护栏立柱的埋深、基础规格、土基压实度、端头和过渡段处理应符合设计规范和设计文件的规定。

(6) 立柱位置、立柱中距、垂直度、横梁中心高度应符合设计要求。

(7) 所有构件不应因运输、施工造成防腐层的损伤。

(8) 直线段护栏不得有明显的凹凸、起伏现象;曲线段护栏应圆滑顺畅,与线形协调一致;中央分隔带开口端头护栏的线形应与设计文件相符。

(9) 波形梁板搭接方向应正确,搭接平顺,垫圈齐备,螺栓紧固。

(10) 防阻块、托架、横隔梁、端头的安装应与设计文件相符,安装到位,不得有明显变形、扭转、倾斜。

（11）波形梁板和立柱不得现场焊割和钻孔。

（12）立柱及柱帽安装牢固，其顶部应无明显塌边、变形、开裂等缺陷。

（13）波形梁护栏校正完毕后，全面检查点焊防盗处理是否符合要求。

（14）焊接钢管的焊缝应平整，无焊渣、突起。构件镀锌层表面应均匀完整、颜色一致，表面具有实用性光滑，不得有流挂、滴瘤或多余结块。镀件表面应无漏镀、露铁、擦痕等缺陷。构件镀铝层表面应连续，不得有明显影响外观质量的熔渣、色泽暗淡及假浸、漏浸等缺陷。构件涂塑层应均匀光滑、连续，无肉眼可分辨的小孔、空间、孔隙、裂缝、脱皮及其他有害缺陷。

6.3.2 实测项目见表6-2。

波形梁钢护栏实测项目　　　　　　　　表6-2

项次	检查项目	规定值或允许偏差	检查方法和频率
1	波形梁板基底金属厚度(mm)	±0.16	板厚千分尺：抽检5%
2	立柱壁厚(mm)	4.5±0.25	测厚仪、千分尺：抽检5%
3	镀(涂)层厚度(μm)	符合设计	测厚仪：抽检10%
4	拼接螺栓(45号钢)抗拉强度(MPa)	≥600	抽样做拉力试验，每批3组
5	立柱埋入深度	符合设计规定	过程检查，尺量：抽检10%
6	立柱外边缘距路肩边线距离(mm)	±20	尺量：抽检10%
7	立柱中距(mm)	±50	钢卷尺：抽检10%
8	立柱竖直度(mm/m)	±10	垂线、尺量：抽检10%
9	横梁中心高度(mm)	±20	尺量：抽检10%
10	护栏顺直度(mm/m)	±5	拉线、尺量：抽检10%

7 活动护栏

7.1 一般要求

7.1.1 插拔式活动护栏的预埋基础应在面层施工前完成,其余部分应在路面施工后安装。插拔式活动护栏应在工厂加工制作。

7.1.2 充填式活动护栏应在路面施工后安装。

7.1.3 施工单位应对活动护栏设计方案的合理性、安全性进行论证,以保证其使用安全。

7.1.4 活动护栏安装完毕,必须进行防盗加固,并防止随意打开活动护栏。

7.1.5 活动护栏两侧安装的护栏板必须设置黄黑相间的立面标记。活动护栏必须牢固粘贴或喷涂红白相间的反光膜。

7.2 施工要点

7.2.1 插拔式活动护栏

(1)插拔式活动护栏基础应根据设计文件放样,并与中央分隔带护栏端头相协调。应调查基础与地下管线是否冲突,经论证后可对基础的埋设位置或高程进行适当调整。

(2)混凝土基础可采用现浇法施工,混凝土浇筑时应按设计文件的规定预埋连接件。基础施工时,应采取防路面污染措施;完成后应采取措施,防止杂物落入预埋套管内。

(3)基础混凝土强度达设计强度的70%以上后,可将焊接成整体的插拔式活动护栏片插入预埋套管内。

(4)对有防眩和视线诱导要求的路段,应按设计文件安装防眩设施和轮廓标。

(5)活动护栏安装完毕后,应对预埋套筒口进行封闭防水防腐处理。

7.2.2 充填式活动护栏

(1)充填式活动护栏应按设计文件的规定放样定位和拼装。

(2)线形调整平顺后,应将符合设计文件要求的材料按规定数量充填活动护栏。

7.3 质量验收

7.3.1 活动护栏的形式、规格、钢构件的防腐处理应符合设计文件的要求。

7.3.2 插拔式活动护栏的预埋套管应定位精确。

7.3.3 活动护栏宜与两端护栏齐平,线形与公路保持一致。

7.3.4 充填式护栏的充填材料和数量应符合设计文件的规定。

7.3.5 有防眩和视线诱导要求的路段应安装相应的防眩设施和轮廓标。

7.3.6 检查活动护栏安装高度,顺直度及防盗处理情况等。

8 混凝土防撞护栏

8.0.1 混凝土防撞护栏的具体要求按照《河北省高速公路施工标准化管理指南 第3部分 施工标准化 第2册 路面工程》有关要求执行。

8.0.2 中央分隔带护栏推荐采用水泥混凝土防撞护栏。

8.0.3 混凝土防撞护栏的施工,原则上应统一集中预制和安装。

9 轮廓标

9.1 一般要求

9.1.1 轮廓标应在具备安装条件时施工,且轮廓标各项指标合格。

9.1.2 在施工安装前,应对轮廓标的埋设条件、位置、数量进行核对。

9.1.3 安装在混凝土护栏上的附着式轮廓标打孔前,必须精确放样,一次打孔成型。

9.1.4 附着于梁柱式护栏上的轮廓标,必须在护栏校正验收后安装。

9.2 施工要点

9.2.1 柱式轮廓标。
(1) 柱式轮廓标应按设计文件的规定量距定位。
(2) 混凝土基础可采用现浇或预制的方法施工,预制时应按设计文件的规定预埋连接件。
(3) 柱式轮廓标安装时,柱体应垂直于水平面,三角形柱体的顶角平分线应垂直于公路中心线,柱体与混凝土基础之间可用螺栓连接。

9.2.2 附着式轮廓标。
(1) 附着于梁柱式护栏上的轮廓标可按立柱间距定位,附着于混凝土护栏和隧道侧墙上的轮廓标应量距定位。
(2) 附着式轮廓标应按照放样确定的位置进行安装。反射器的安装角度应符合设计文件的规定。安装高度宜尽量统一,并应连接牢固。
(3) 粘贴附着式轮廓标时,应清理护栏立柱表面的污垢,以确保其牢固。
(4) 附着式轮廓标安装,应充分考虑温度的影响,避免低温时粘贴。

9.2.3 轮廓标安装完成后应与公路线形协调一致。夜间应反光明亮、线条流畅。安装高度宜保持一致。

9.2.4 轮廓标的外形尺寸应符合设计文件的规定。

9.2.5 柱式轮廓标应安装牢固,柱体表面不应有明显的划痕、气泡、裂纹及颜色不均等缺陷。

9.2.6 附着式轮廓标应安装牢固、角度准确、高度符合设计文件的要求。

9.2.7 钢构件表面防腐处理应满足设计文件的规定。

9.3 质量验收

9.3.1 基本要求。
(1)轮廓标产品应符合《轮廓标》(JT/T388)的规定。
(2)轮廓标的布设应符合设计及施工规范的要求。
(3)柱式轮廓标的基础混凝土强度、基础尺寸应符合设计要求。
(4)柱式轮廓标安装牢固,逆反射材料表面与行车方向垂直,色度性能和光度性能与设计相符。

9.3.2 外观鉴定。
(1)轮廓标不应有明显的划伤、裂纹、损边、掉角等缺陷。表面应平整光滑,无明显凹痕或变形。
(2)轮廓标安装牢固,线形顺畅。
(3)柱式轮廓标的垂直度不超过±8mm/m。

9.3.3 实测项目见表9-1。

轮廓标实测项目　　　　表9-1

项次	检查项目	规定值或允许偏差	检查方法和频率
1	柱式轮廓标尺寸(mm)	三角形断面:底边允许偏差为±5,三角形高允许偏差为±5,柱式轮廓标总长允许偏差为±10	尺量:抽检10%
2	安装角度(°)	0~5	花杆、十字架、卷尺、万能角尺;抽检10%
3	反射器中心高度(mm)	±20	尺量:抽检10%
4	反射器外形尺寸(mm)	±5	卡尺、直尺,抽检10%
5	光度性能	在合格标准内	检查检测报告

10 防眩设施

10.1 一般要求

10.1.1 桥梁段或混凝土护栏上设置防眩板或防眩网时,应对预埋件的设置位置、强度和腐蚀程度进行检查。

10.1.2 防眩设施采用钢板基座时,下料前应量测预埋件或螺栓间距,再进行下料切割,机械打孔并预留一定的调整量,以保证基座顺利安装。

10.1.3 防眩设施中心线应尽量与路线中心线在同一轴线上。

10.1.4 中央分隔带活动护栏开口处设置防眩设施时,应提前核实并预埋预设安装设施。

10.1.5 路桥结合部位的防眩设施高度应一致。

10.1.6 采用防眩板防眩时,防眩板应采取防风抗倾覆措施。安装完成后,应进行二次校正。

10.1.7 植物防眩应符合设计文件和有关规范的规定,确保植物高度一致,如植物中间出现构造物时,换填土达不到种植要求应增设防眩板或防眩网以确保防眩效果。

10.1.8 采用防眩网防眩时,路基段防眩网混凝土基座宜提前预制,并预留立柱调整量;安装后必须进行二次校正,保证防眩网网面平整、顺接,无明显折线,再回填夯实,并用微膨胀混凝土(或砂浆)将立柱预留孔灌注密实。

10.2 施工要点

10.2.1 设置于混凝土护栏上的防眩板或防眩网的安装。

(1)预埋件的设置位置、结构尺寸等不符合设计要求,或未按要求设置预埋件时,应与项目建设单位联系,不得随意处理,以免破坏混凝土护栏的使用功能。

（2）混凝土护栏混凝土强度达到设计强度的70%以上时，方可在混凝土护栏顶部安装防眩设施，环向预留一定的伸缩量。

（3）在桥梁段或混凝土护栏上电钻打孔安装膨胀螺栓时，应采用钢筋保护层厚度测定仪等设备，准确放样定位，有效避让护栏钢筋。

（4）防眩板、防眩网安装后，其下缘与混凝土护栏顶部的间距应符合设计文件的规定。安装过程中，应保证防眩板、防眩网的高度及垂直度，以免下缘漏光过量影响防眩效果。

10.2.2 设置于波形梁护栏上的防眩板或防眩网的安装。

（1）防眩板或防眩网可通过连接件安装在波形梁护栏上，但不得削弱波形梁护栏的原有功能。应尽量采用独立立柱安装，避免与波形梁护栏连接。

（2）防眩板或防眩网下缘与波形梁护栏顶面之间的间距应符合设计文件的规定，以免漏光过量影响防眩效果。

（3）防眩板或防眩网通过连接件与波形梁护栏连接，施工过程中不应损伤波形梁护栏的金属涂层。任何形式涂层的损伤，均应在24h之内给予修补。

10.2.3 独立设置立柱的防眩板或防眩网的安装。

（1）防眩板或防眩网单独设置时，立柱一般直接落地埋在中央分隔带内。因此，施工前，应注意清理中央分隔带内的杂物、坑洞，了解管线埋深及位置，处理好与其他中央分隔带内构造物的关系。立柱埋设在其他位置时，也应进行场地清理。

（2）防眩板或防眩网单独设置时，可根据所在位置选择将立柱埋入土中、设置混凝土基础或固定于构造物上等方式加以处理。

（3）防眩板或防眩网立柱的施工，采用开挖法埋设混凝土基础时，不得破坏地下的通信管线或电缆管线。混凝土基础开挖达到规定深度后，应夯实基底，调整好垂直度和高程，夯实回填土。施工中不得损坏中央分隔带地下排水系统。

10.2.4 其他注意事项。

（1）镀锌制品由于镀锌层与一般钢铁相比，硬度较低，易受机械损伤，且镀层的表层之下，为铁锌的合金层，其抗弯曲、冲击等机械性能较差，易剥离和脱落，因而施工中必须特别小心。镀锌层受损伤后，须在24h之内用高浓度锌进行涂补，必要时应予更换。

（2）防眩设施的安装时应戴手套进行作业。

10.3 质量验收

10.3.1 防眩板或防眩网安装完成后，其设置路段、防眩高度、遮光角应符合设计要求。

10.3.2 防眩板或防眩网整体应与公路线形协调一致,不得有明显的扭曲或凹凸不平。

10.3.3 防眩板或防眩网外观不应有划痕、颜色不均等缺陷。防腐层不得有气泡、裂纹、疤痕、端面分层、毛刺等缺陷。

10.3.4 防眩板或防眩网应牢固安装。

10.3.5 防眩设施实测项目见表10-1。

防眩设施实测项目　　　　　表10-1

项次	检测项目	规定值或允许偏差	检测方法和频率
1	安装高度(mm)	±10	钢卷尺:抽检5%
2	镀(涂)层厚度	符合设计	涂层测厚仪:抽检5%
3	防眩板宽度(mm)	±5	直尺:抽检5%
4	防眩板设置间距(mm)	±10	钢卷尺:抽检10%
5	竖直度(mm/m)	±5	垂线、直尺:抽检10%
6	顺直度(mm/m)	±8	拉线、直尺:抽检10%

11 隔离栅、桥梁护网

11.1 一般要求

11.1.1 隔离栅所在位置应进行场地清理,软基应进行处理。

11.1.2 隔离栅混凝土基础应集中预制。

11.1.3 刺钢丝隔离栅施工时,必须用紧线器拉紧。

11.1.4 隔离栅应有效的闭合。在小桥涵等构造物处,应将隔离栅与构造物有效连接。

11.1.5 山区岩层地段隔离栅设置时,硬质岩层地段可采用钻孔灌浆埋设隔离栅立柱;地形起伏过大时,应根据地形适当调整隔离设施。

11.1.6 隔离栅应随地形起伏设置,保证线形整体顺畅,桥梁护网施工前应对所有预埋件的设置位置、强度、腐蚀程度进行检查。

11.1.7 桥梁护网安装前,应现场核查桥梁护网设计长度是否满足要求。

11.1.8 混凝土护栏浇筑时,应准确预埋桥梁护网安装预埋件。

11.1.9 预制的隔离栅基础混凝土模块和立柱,其强度须进行混凝土强度检测,确定其达到设计要求方可使用。

11.2 材料要求

11.2.1 除设计文件另行规定外,隔离栅和桥梁护网所用的金属材料应符合现行《隔离栅技术条件》(JT/T 374)的规定;混凝土立柱和基础所用的钢筋、水泥、细集料、粗集料、拌和用水、外加剂等材料应符合《公路桥涵施工技术规范》(JTG/T F50—2011)的规定。

11.2.2 所有钢构件均应进行防腐处理。除设计文件另行规定外,防腐处理均应满足现行《高速公路交通工程钢构件防腐技术条件》(GB/T 18226)的规定。螺栓、螺母等紧固件和连接件在防腐处理后,必须清理螺纹或进行离心分离处理。

11.2.3 材料进场前,对型号、规格、尺寸、质量、防腐处理等进行检验,合格产品方可进场。

11.2.4 外观质量和防腐处理符合如下要求:
1)整张网面平整,无断丝、网格无明显歪斜。
2)钢丝防腐处理前表面不得有裂纹、斑痕、折叠、竹节及明显的纵面拉痕,且钢丝表面不得有锈。
3)钢管防腐处理前不允许有裂缝、结疤、折叠、分层、搭焊等缺陷存在。
4)冷弯型钢及Y型钢防腐处理前表面不得有气泡、裂纹、结疤、折叠、夹杂和端面分层;允许有不大于公称厚度10%的轻微凹坑、凸起、压痕、发纹、擦伤和压入的氧化铁皮。
5)所有钢构件均应进行金属防腐处理,宜采用热浸镀锌方法。
(1)采用热浸镀锌方法进行金属防腐处理时,热浸镀锌所采用的锌应为《锌锭》(GB/T 470—2008)规定的0号或1号锌。镀锌构件的锌附着量应符合相关要求。锌附着量采用氯化锑法测定,也可用涂层测厚仪直接测量锌层厚度。
(2)镀锌构件表面应具有均匀完整的锌层,颜色一致,表面应光滑,不允许有流挂、滴瘤或多余结块。镀件表面应无漏镀、露铁等缺陷。有螺纹的构件在热浸镀锌后,应清理螺纹或作离心分离。
(3)镀锌构件的锌层应均匀,试样经硫酸铜溶液浸蚀规定次数无金属铜的红色沉积物。镀锌构件的锌层应与基底金属结合牢固,经锤击或缠绕试验后,镀锌层不剥离、不凸起,不得开裂或起层。

11.3 施工要点

11.3.1 立柱。
(1)隔离栅宜尽早实施。定出立柱的中心线,然后按设计图的柱距尺寸,量出柱位,每个柱位均应按设计文件的要求确定高程,可根据实际地形进行调整。隔离栅在地形起伏的路段设置时,可将地面整修成一定的纵坡,也可顺坡设置。测量高程的目的在于控制各立柱基础高程,保证安装后隔离栅顶面的平顺和美观。对隔离栅安装线上的地面进行清理与整平,使隔离栅的顶面为一圆滑平顺的轮廓。
(2)在放样和定位工作完成的基础上,根据设计文件的要求开挖基坑或钻孔,挖钻深度应符合设计要求。在特殊的环境条件下,如坚硬的岩石等,在保证不改变地界的法律地位和设施布设整体美观的情况下,允许对基坑位置作适当的调整。基坑开挖到设计要求深度后,应将基底清理干净,经检验合格后,方准进行下道工序。

(3)立柱混凝土基础现场浇筑时,开挖基坑必须满足设计尺寸要求,并逐个经监理工程师验收。立柱放入基坑内正确就位后,用临时支撑固定立柱,用靠尺量其垂直度,用卷尺量其高度,在确认符合要求后,再进行混凝土的浇筑。

(4)预制混凝土基础应集中预制,也可将立柱与混凝土基础制作成整体结构,现场直接安装到位。

(5)应严格检查立柱就位后的垂直度和立柱高程,以保证网片安装的质量和隔离栅安装完毕后的整体美观效果。

(6)基坑底不得有虚土。放入立柱后,检查柱顶高程,并用临时支撑固定立柱,检查其垂直度。立柱的埋设应分段进行:先埋两端的立柱,然后拉线埋设中间立柱。控制立柱与中间立柱的平面投影在一条直线上,不得出现参差不齐的现象。柱顶应平顺,不得出现忽高忽低的情况。

(7)现浇立柱基础混凝土必须采用带有自动计量设备的拌和设备拌和,不得现场人工拌和;运输时不得污染既有工程;废弃混凝土不得随地倾倒。

(8)对预制的混凝土立柱和基础,在运输及装卸时应避免立柱折断或摔坏边角。装车时,堆放不宜超过五层。预制块不得从边坡抛扔,不得在路面上存放。

11.3.2 隔离栅。

基础混凝土强度达到设计强度的 70% 以后,可安装隔离栅网片。

(1)无框架卷网安装时,应从端头立柱开始,先将金属网在立柱挂钩上扣牢,然后沿纵向展开,边铺设边拉紧。展网要求自如,挂钩时保证网不变形。整网铺设可在地势较平坦的路段施工,对立柱间距要求不严,但需要承受一定的张拉力,端柱需加斜撑加固。

(2)带框架的片网一般要求在工厂集中制作完成,因为工厂机械设备较为齐全、生产效率高、成本低、工艺完善,批量流水生产能保证加工制作的质量。有框架的片网安装后要求网面平整、无明显的凹凸现象,立柱间距正确,框架与立柱连接牢固,框架整体平顺、美观。

(3)刺钢丝安装时应从端头立柱开始,刺钢丝之间要求平行、平直,绷紧后可用 12 号钢丝与混凝土立柱或钢立柱上的钢钩绑扎固定,横向与斜向刺钢丝相交处用 12 号钢丝绑扎牢固。

(4)隔离栅网片安装完毕后,立柱基础周围均应进行最后压实处理,并恢复原貌。

(5)在高压输电线穿越安装隔离栅的地方时,隔离栅应按电力部门的规定接上地线。

(6)当电线平行或接近平行于隔离栅且电线在隔离栅上方时,应在每端或按不大于 400m 的间距埋设地线,接地电阻值小于 10 欧姆。

11.3.3 桥梁护网。

(1)桥梁护网应以跨线桥与公路、铁路等设施的交叉点为控制点,向两侧对称进行施工。当上跨桥梁为斜交时,桥梁护网长度应根据设计文件的要求作相应调整。

（2）桥梁护网的立柱一般采用预埋基础，应按设计要求制作预埋件，安装立柱时要控制柱距，注意连接部件的牢固性。立柱与基础连接应符合设计要求，牢固、垂直、高度一致。未设置预埋件时，应采取后固定的施工工艺固定立柱。桥梁护网安装后要结构牢固，围封严密。桥梁护网与混凝土护栏要密贴。

（3）桥梁护网是桥梁建筑的附属安全措施，对桥梁景观有很大的影响。除应牢固地安装在立柱或支撑上外，金属网片应平整、绷紧，舒展自然、美观。

（4）为防止雷电伤人，施工时，需在合适位置安装接地避雷线。接地避雷线安装要符合设计文件的要求。

11.4　质量验收

11.4.1　隔离设施和桥梁护网的封闭应严密、牢固，特别是在过涵洞水沟、通道、下穿桥梁时的围封，要根据具体情况进行处理，涵洞的跨越可根据水量、沟的深度而定，不应让人、畜穿越。

11.4.2　隔离栅应与公路线形走向一致，顺直、流畅，纵坡起伏自然、美观。

11.4.3　立柱基础尺寸、埋深、立柱的垂直度、柱间距都是重要的控制因素。立柱基础无论是预制还是现浇，混凝土强度、尺寸必须满足设计规定。混凝土立柱和基础混凝土的强度等级应达到设计文件的要求。

11.4.4　卷网铺设要求有一定的张拉设施，一般采用上下两根钢筋与网穿插张拉。卷网安装张拉完成后，金属网不得有明显变形，网孔长轴方向变形量、网孔夹角变形量不得超过规定范围。电焊网不得脱焊、虚焊，否则达不到规定的强度和平整度。

11.4.5　隔离栅和桥梁护网表面均应进行防腐处理，表面不得有气泡、裂纹、疤痕、折叠和端面分层等缺陷。

11.4.6　混凝土立柱的施工质量对隔离栅的强度和美观有很大影响，因此混凝土立柱应密实平整，不得有裂缝、翘曲、蜂窝、麻面等缺陷。

11.4.7　桥梁护网应作防雷接地处理，接地电阻应符合设计文件的规定。

12 安全生产、文明施工

12.1 安全生产

12.1.1 安全生产管理要坚持"安全第一,预防为主"的方针,加强安全生产管理,建立和健全施工安全管理制度,制定安全生产规章制度和操作规程,建立以岗位责任制为中心的安全生产逐级负责制,制度明确、责任到人,奖罚分明。

12.1.2 按施工人员的比例配备足够的专职安全员,施工现场必须配备合格的施工安全劳动保护器具和用品,施工人员一律戴安全帽上工地,驻地监理人员、施工人员一律佩证上岗。

12.1.3 在编制施工计划的同时,编制详细的安全操作规程、细则、制度及切实可行的安全技术措施,分发至工班,组织逐条落实。

12.1.4 每一分项工程开工前,做出详细的施工方案和实施措施,报监理工程师审批后,及时做好施工技术及安全技术交底,并在施工过程中督促检查,严格组织施工,对从事特种工种作业人员必须持证上岗。

12.1.5 对施工人员进行专门的安全教育和培训,督促施工人员严格执行安全生产规章制度和安全操作规程,并进行定期和不定期的安全生产检查,及时发现和解决不安全的事故隐患,杜绝违章作业和违章指挥现象,同时加大安全教育及宣传力度,对重点作业场所、危险区、主要通道设置施工安全防护设施,并设置醒目的安全警示标志。

12.1.6 施工现场的布置符合防火、防爆、防洪、防雷电等安全规定及文明施工的要求。施工现场的生产、生活办公用房、仓库、材料堆放场、停车场、修理厂应按批准的总平面布置图进行布置。现场道路平整、坚实、保持畅通,危险地点悬挂安全标志,符合安全规定的标牌,施工现场设置大幅安全宣传标语。

12.1.7 治安消防工作必须坚持"预防为主,以消为辅"的指导思想,接受公安消防部门的监督管理,保证工程建设过程的治安消防安全。现场的生产、生活区设足够的消防水源和消防器材网点,消防器材有专人管理,所有施工人员要熟悉并掌握消防设备的性能和使用方法。

12.1.8 各类易燃房屋、库棚、料场等安全消防距离符合有关规定,现场的易燃杂物随时清理,严禁在有火种的场所或其近旁堆放易燃物品,落实防范措施。

12.1.9 施工现场的临时用电严格按照相关规定执行。施工中如发现危及地面建筑物或有危险品时立即停止施工,待处理完毕后方可施工。

12.1.10 施工现场设立安全标志。危险地区必须悬挂"危险"或"禁止通行"、"严禁烟火"等标志,夜间设红灯警示。

12.1.11 广泛开展法制宣传,提高广大职工群众保卫工程建设和遵法守规的自觉性,积极与当地公安机关联合组建联防机构,加强职工法纪教育,增强职工法纪观念,维护好当地治安秩序,防止治安民事纠纷与其他案件发生,工地上配备足够的警卫人员,加强警卫和夜间巡逻,以确保工地安全。

12.1.12 交通安全设施施工时,应进行交通管制,摆放警告标志,采用限行措施。

12.1.13 交通标志、路面标线、防眩设施、桥梁护网等施工时,上路施工管理人员应穿反光背心,在作业区段前方按规定摆放交通标志标牌。

12.2 文明施工

12.2.1 防止粉尘污染措施。
对各种细小物料的运输采用封闭式运输,各种物料堆放整齐,覆盖存放。

12.2.2 防止施工噪声污染措施。
严格控制强噪声机械作业。加强环保意识的宣传,采取有力措施控制人为的施工噪声,最大限度地减少噪声扰民。

12.2.3 防止污染环境措施。
对机具设备加强保养,防止污染路面,废机油等应按要求处理,不得乱倒,不得流入水体污染环境。

12.2.4 渣土、垃圾整治管理措施。
(1)加强对施工现场管理,施工区应合理布局,严格按文明施工规范要求布置。工程完工,所有的临时工程必须办妥手续,拆除进行复原。

(2)废弃物和渣土淤泥运输配置专用渣土车辆运输,不偷倒、乱倒渣土和建筑垃圾,并做到不沿途撒漏泥土杂物,不污染场外道路。

(3)工程阶段性完工和工程完工,保证做到工完场清。

12.2.5 项目部以及生产生活的文明措施。

建立文明施工责任制。划分区域,明确管理责任,实行挂牌制,不仅要做好施工区、生活区、食堂、厕所的卫生管理,保持整个施工现场的清洁、整齐,还要相应做好现场材料、机械、保卫、消防等多方面的管理工作。规范施工现场的临时设施,包括生产、办公、生活用房仓库、料场以及临时照明、动力线路,要严格按施工组织设计确定的施工平面图布置、搭设。